MGR PERRAUD

ÉVÊQUE D'AUTUN, MEMBRE DE L'ACADÉMIE FRANÇAISE

✳

ALLOCUTION

PRONONCÉE

LE 22 AVRIL 1883, A L'ÉCOLE BOSSUET

POUR L'INAUGURATION

DU BUSTE DE M. L'ABBÉ THENON

Fondateur de l'École.

PARIS

J. MERSCH, IMPRIMEUR

91, RUE DENFERT-ROCHEREAU

—

1883

MGR PERRAUD

ÉVÊQUE D'AUTUN, MEMBRE DE L'ACADÉMIE FRANÇAISE

✳

ALLOCUTION

PRONONCÉE

LE 22 AVRIL 1883, A L'ÉCOLE BOSSUET

POUR L'INAUGURATION

DU BUSTE DE M. L'ABBÉ THENON

Fondateur de l'École.

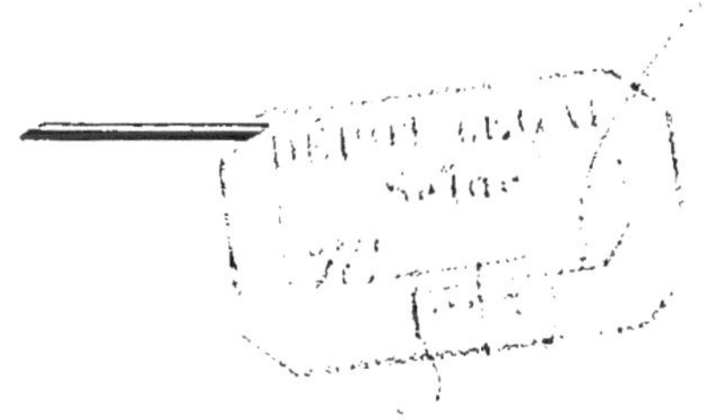

PARIS

J. MERSCH, IMPRIMEUR

91, RUE DENFERT-ROCHEREAU

—

1883

ALLOCUTION

PRONONCÉE

LE 22 AVRIL 1883, A L'ÉCOLE BOSSUET

POUR

L'INAUGURATION DU BUSTE DE M. L'ABBÉ THENON

Fondateur de l'École.

— ...

MESSIEURS,

Aux éloges si mérités décernés, dans cette fête de famille, à la mémoire du fondateur de l'École Bossuet, ie viens joindre le tribut de mes regrets.

Je n'ai pas assez connu M. l'abbé Thenon pour vous parler avec compétence de sa vie sacerdotale et de l'incomparable dévouement avec lequel il a compris et rempli son ministère d'éducation.

Heureusement, ces involontaires et regrettables lacunes sont déjà comblées dans l'esprit de ceux qui m'écoutent. Je suis entouré de ses collaborateurs et de ses disciples. Je ne pourrai rien leur apprendre qu'ils n'aient su avant moi, bien mieux que moi. A cet égard, Messieurs, les souvenirs de votre pieuse gratitude sont plus éloquents que toute louange. Ils rendront toujours présente à vos cœurs la physiono-mie douce et grave, pleine de fermeté et de bienveillance, de celui qu'une mort prématurée vous a ravi ; et vous ne cesserez pas d'être reconnaissants à l'artiste célèbre (1) qui, s'inspirant dans ses œuvres d'un mot de Tacite, a le don de faire revivre par le marbre ou par le bronze ce que l'historien d'Agricola a si bien appelé « la forme impérissable de l'âme : *forma mentis æterna* (2). »

Prêtre, l'abbé Thenon l'a été, avec quelle exactitude, quelle ferveur, quelle piété ! cette maison et cette école en demeurent tout embaumées. Il aura été parmi vous, suivant la parole de l'Apôtre, « l'hostie agréable à Dieu qui répand autour d'elle un parfum de suavité : *Odorem suavitatis, hostiam acceptam, placentem Deo* (3). »

Qui dira les origines de sa vocation ? Qui soulèvera le voile sous lequel demeurent cachés à nos regards ces détails du dessein providentiel qu'il serait si intéressant de connaître, si édifiant de méditer, si consolant de dire ? Où, quand est née en lui la pensée de la consécration totale de sa vie au service de Dieu et des âmes ? Est-ce dans une première et ineffable rencontre avec le Dieu de l'Eucharistie, que ce cœur de douze ans a entendu l'appel mystérieux et décisif ? Est-ce plus tard, devant le spectacle sérieusement médité de la vanité des espérances terrestres, au contact des misères intellectuelles et des détresses morales dont

---

1. M. Chapu, membre de l'Institut.
2. Tacit. Agric. c. 46.
3. Phil. iv. 18.

notre siècle n'est pas plus exempt que ses devanciers, en face des foules trop souvent affamées et déshéritées de vérité et de justice, que le jeune normalien a tressailli sous la parole du Maître lui redisant de son accent le plus irrésistible : « J'ai pitié de ces multi-« tudes ! Oh ! que de moissons à faire, et combien « les ouvriers manquent ! *Misereor super turbam.* « *Messis multa ; operarii pauci* (1). »

Je ne pose pas ces questions, Messieurs, Dieu m'en garde, pour payer un tribut à cette curiosité sans portée qui ne se pique de tout savoir qu'afin d'avoir le privilège de commettre les premières indiscrétions. Mais rien n'est instructif comme de discerner les voies de la Providence dans la vie des hommes. Je confesse d'ailleurs que je ne me livre pas de sang-froid à une pareille recherche. Je ne m'y sens pas désintéressé. Il y a trop d'analogies entre la destinée de l'abbé Thenon et la mienne, et si je ne connais pas historiquement tous les détails de sa vocation, je les devine en me rappelant les années de ma jeunesse. Ne retrouvé-je pas ici, dans de chers condisciples et dans des maîtres vénérés, le souvenir ému des jours d'autrefois ; de l'époque où, étudiant avec ardeur les lettres humaines dont mon esprit était très avide, afin de conquérir le droit de les professer un jour, je me préparais, sans le savoir, à exercer bientôt le ministère du plus sublime et du plus fécond des enseignements, de celui qui s'adresse aux âmes, pour les rendre ca-

1. Marc VIII. 2. Matth. IX. 37.

pables des biens éternels ? Je puis donc dire de votre ancien directeur, entré quelques années après moi d'abord à l'École normale, puis dans les rangs du sacerdoce, ce que saint Paul disait de Tite : « Nous avons été soulevés par le souffle du même Esprit; nous avons marché dans le même chemin : *Nonne eodem spiritu ambulavimus ? nonne iisdem vestigiis* (1)? »

Oui, tous les deux nous avons grandi sur les bancs de l'Université et nous avons été formés par elle à la discipline de ses fortes études, en écoutant les leçons de ces savants sérieux et modestes dont plusieurs, après avoir été nos maîtres, sont restés nos amis. Puis, conduits par cette admirable Providence « qui dispose toutes choses avec nombre, poids et mesure », tandis que nous nous préparions à une carrière honorable et pensions avoir trouvé le dernier mot de nos très légitimes aspirations, Dieu, qui nous tenait par la main, nous acheminait par la route la meilleure, sinon la plus courte, vers l'accomplissement de ses desseins sur nous. Il nous voulait prêtres ; mais il voulait en même temps mettre au service de l'Église notre laborieuse initiation au ministère de l'enseignement, et cette expérience des hommes et des choses qui pouvait nous permettre d'être plus utiles à nos contemporains. Ainsi les Israélites, en se familiarisant avec les Égyptiens, devaient s'enrichir un jour des trésors de ce peuple si avancé dans les arts et dans les sciences de

1. II Cor. xii. 18.

l'antiquité, mais pour en orner le tabernacle du vrai Dieu! Je le dirai en toute simplicité à cet auditoire qui m'écoute avec une visible sympathie : depuis mes places de premier au collège; jusqu'aux diplômes de licencié, de docteur, d'agrégé, sans oublier, bien entendu, la palme glorieuse que l'Académie française remettait il y a trois jours entre mes mains, je n'ai jamais eu qu'un seul désir, une seule ambition : faire honneur de tous ces succès à la cause sacrée de Jésus-Christ, afin de lui concilier davantage l'estime, le respect, la confiance, l'amour des hommes.

Devenu prêtre, que fera l'abbé Thenon? A quoi emploiera-t-il son sacerdoce?

Sans doute, Messieurs, tout prêtre est maître et éducateur. « Allez! enseignez! » Toute notre mission est résumée dans ces deux paroles : *Euntes, docete* (1). En chaire nous enseignons publiquement les foules; au tribunal sacré de la Pénitence nous donnons l'enseignement spécial qui convient aux besoins particuliers de chaque fidèle. Nous sommes surtout maîtres et éducateurs lorsque dans un ministère à la fois très humble, très méritoire, très important, amoindrissant pour ainsi dire notre voix à l'exemple de saint Paul, pour bégayer avec les petits enfants (2),

1. Matth. xxviii. 19.
2. *Filioli mei, vellem esse apud vos et mutare vocem meam* (Gal. iv. 19. 20.)

nous leur apprenons les premiers éléments de la sagesse éternelle contenus dans le plus ancien, le plus complet, le plus patriotique de tous les manuels de morale : j'ai nommé le catéchisme, ce livre de cinq sous, dont un éminent philosophe de ce siècle, Jouffroy, a fait un éloge si compétent et si désintéressé ; et qui, à l'heure où je parle, pour notre honte et pour notre malheur, est mis à l'index et consigné comme un mauvais livre à la porte de nos soixante mille écoles publiques.

A ce mandat général d'enseignement qui découle de notre mission sacerdotale, l'abbé Thenon en a joint un autre qui a été l'œuvre propre de sa vie et en constitue la bienfaisante originalité.

Quelle a été sa pensée ? Je puis la résumer en quelques mots, car il n'est pas un seul d'entre vous, maîtres ou élèves, parents ou enfants, de qui elle ne soit très connue.

Emu par les périls et les besoins d'une société où tant de forces se neutralisent parce qu'elles se combattent, au lieu de se prêter un harmonieux concours, il a voulu, suivant la parole de l'Écriture, faire une œuvre de rapprochement et de réconciliation : *In tempore iracundiæ factus est reconciliatio* (1)», et, appliquant aussitôt cette grande, féconde et cordiale inspiration à l'éducation de la jeunesse, il a résolu d'y faire concourir d'abord, la religion représentée par des prêtres préposés à la discipline et à la garde des

1. Eccl. XLIV. 17

mœurs ; puis, la famille, qui n'a pas le droit de se dé-
sintéresser du labeur sacré de l'éducation des enfants
et à qui l'externat assure sa part légitime de respon-
sabilité et d'action ; enfin, cette tradition des grandes
études que l'Université de France a maintenue jusqu'à ce jour et saura, je l'espère, maintenir intacte
au milieu des vicissitudes de nos révolutions, et mal-
gré les périlleuses expériences qu'on se permet quel-
quefois à ses dépens et aux nôtres.

Unir ces trois forces, en faire le triple faisceau qui
ne pourra que très difficilement être rompu (1) ; cher-
cher dans cette union le bien de la famille, le bien des
âmes, le bien de la patrie : telle a été la pensée qui a
inspiré toute la carrière de M. l'abbé Thenon et dont
le succès est attesté par les rapides développements
de l'École Bossuet.

Il commençait en janvier 1866, avec quatre élèves.
Mais la bénédiction de Dieu était sur ce grain de
senevé, qui devait rapidement grandir et devenir l'arbre
à l'ombre duquel se sont déjà formées plusieurs cen-
taines de jeunes gens chrétiens. Bientôt, comme la
métropole qui fonde des colonies, l'École Bossuet a
été, à Paris et à Lyon, la mère de deux écoles sem-
blables, placées sous le doux et littéraire patronage
de Fénelon, tandis qu'à Paris encore elle voyait
naître et se développer, sur l'autre rive de la Seine,
une institution qu'elle accueillait, non comme une
rivale, mais comme une sœur, l'École Massillon ;

*, *Funiculus triplex difficilè rumpitur*. Eccl. IV-12.

toutes les trois demeurant fidèles au plan original du premier fondateur, et serrant pour ainsi dire dans un même nœud, pour les faire mieux s'embrasser, l'Église, la famille et l'Université.

Bossuet, Fénelon, Massillon ! Voilà, Messieurs, des noms que trouveraient sans doute bien barbares ces étranges novateurs et rénovateurs de notre histoire nationale, qui proscrivent comme indigne de nos progrès modernes tout ce qui, en France, a précédé la Déclaration des droits de l'homme, et pour qui ce serait vraiment chose trop dure de reconnaître quelque grandeur et quelque valeur à des membres du clergé. Pour nous, Messieurs, qui ne nous laissons pas parquer dans ces méthodes factices, puériles, violentes, et qui ne renions pas nos ancêtres, saluons ces arriérés, ces barbares, et souhaitons-nous les uns aux autres de penser et de parler comme eux, en bon français.

La pensée de conciliation et de rapprochement qui avait inspiré M. l'abbé Thenon en 1866, pouvait n'être alors qu'une intelligente et très opportune application de ce principe de concordat auquel, depuis le commencement de ce siècle, notre société si profondément troublée et divisée par dix années de révolution était redevable de la pacification religieuse. Ne peut-on pas dire qu'après nos malheurs de 1870 et de 1871 elle devenait moralement nécessaire ?

Que fallait-il en effet, au lendemain des désastres militaires qui avaient mutilé la patrie et de l'horrible

guerre civile qui avait failli consommer sa ruine?
N'était-ce pas de mettre en commun toutes les res-
sources et toutes les forces sociales afin de relever la
France? Y en avait-il une seule à qui, sans danger,
sans folie et sans crime, on pût interdire d'avoir sa
part dans le labeur collectif d'où devait sortir le salut
de tous?

Laissez-moi vous redire, Messieurs, un épisode de
nos histoires sacrées, que j'ai médité bien des fois
depuis douze ans. Il serait digne d'inspirer un jour le
pinceau d'un grand artiste. Je voudrais surtout qu'il
rappelât à tous mes concitoyens le devoir que, selon
moi, le bon sens et le patriotisme imposent en ce
moment à tous les enfants de la France.

Néhémias, captif à la cour d'Artaxercès, a obtenu de
ce prince la permission de revenir en Judée et de relever les ruines de Jérusalem. Il commence par se
rendre compte de l'étendue des désastres subis par la
ville sainte à la suite du dernier assaut sous lequel elle
a succombé. En quelques traits, marqués au cachet de
l'antique simplicité et d'une beauté toute classique,
le rédacteur du livre d'Esdras nous fait assister à
l'exploration nocturne des ruines de Jérusalem par
Néhémias. Il est à cheval, suivi d'un petit nombre de
compagnons fidèles. Sorti par la porte de la Vallée, il
fait le tour complet de l'enceinte. Il s'arrête de temps
en temps pour considérer (avec quelles angoisses
dans l'âme!) les murailles renversées et les portes dé-
truites par le feu. En quelques endroits, les pierres

obstruent si bien le chemin qu'il a grand'peine à faire passer sa monture. Il rentre en ville avant l'aurore. Puis, le jour venu, il va trouver les prêtres, les magistrats, les notables de leur ville, et il leur demande d'associer leurs efforts pour relever la cité : *Surgamus et ædificemus* (1).

Noble et touchant appel! Il est entendu, compris, accepté. Tous aussitôt de se mettre à l'œuvre : tous, Messieurs, vous entendez, sans exception et sans exclusion. C'est le grand prêtre Eliasib; c'est l'orfèvre Eziel; c'est Ananias, le fils du marchand de parfums ; négociants, lévites, princes, magistrats, soldats, tous, je le répète,dans un accord admirable, travaillent sans relâche sous la haute direction de Néhémias. Aussi les murailles se redressent comme par enchantement. Les tours et les citadelles sont rebâties. En quelques mois Jérusalem est redevenue une cité magnifique à laquelle sont encore réservées de glorieuses destinées. La raison et le patriotisme, l'union des esprits et l'union des cœurs : voilà comment s'est accompli le prodige.

Pourquoi ne s'est-il pas renouvelé parmi nous?

Pourquoi, Messieurs? Votre pensée plus rapide que ma parole a déjà répondu : parce qu'au lieu d'unir les français pour les faire tous concourir à l'œuvre nécessaire du relèvement de la patrie, il y a eu parmi eux des artisans de discorde. Oh! qu'ils sont insen-

1. II Esdras II-20.

sés, qu'ils sont coupables ceux qui, à l'heure où la France, notre mère commune, nous montrait ses blessures sanglantes et conjurait tous ses enfants de ne faire qu'un cœur et qu'une âme pour la guérir et lui rendre son antique vigueur, ont semé parmi eux l'ivraie détestable des divisions et des haines, créé des catégories de suspects, organisé partout la délation comme aux époques les plus honteuses et les plus sinistres de l'histoire, mis enfin leur talent, leur activité, leur influence au service de la plus criminelle de toutes les œuvres, celle qui consiste à séparer des frères, et à déchaîner sur un pays le démon de la guerre civile. « *Odit Dominus eum qui seminat inter fratres discordias.* » (1).

Dans un de ses discours les plus pathétiques, Jérémie, témoin désolé des dissensions de Jérusalem, met en scène un de ces misérables fauteurs de discordes et lui fait prononcer sur lui-même une terrible imprécation, expression d'un tardif et stérile remords : « O ma « mère, pourquoi m'avez-vous donné le jour ! à moi « qui n'ai été dans mon pays qu'un homme de dis- « pute et de divisions, à moi qui suis maudit par tous « mes concitoyens ? » *Væ mihi mater, quare genuisti me virum rixæ, virum discordiæ in universâ terrâ? Omnes maledicunt mihi.* (2)

Pardonnez, Messieurs, à l'émotion qui semble m'entraîner hors de mon sujet auquel toutefois

1. Prov. vi-19.
2. Jerem. xv-10.

elle nous ramène en nous faisant apprécier davantage, si je ne me trompe, le caractère si éminemment patriotique et social de l'œuvre à laquelle demeurent attachés le nom et le souvenir de l'abbé Thenon.

Il lui a été prématurément enlevé ; néanmoins elle lui survivra. Nous pouvons, en effet, Messieurs, vous redire avec confiance la parole de nos livres saints : « Votre père est mort, mais c'est comme s'il n'était pas mort, car il vous a laissé un héritier qui lui est semblable. » *Mortuus est pater et quasi non est mortuus ; similem enim reliquit sibi post se.* (1)

Les collaborateurs dont s'était entouré l'abbé Thenon, pénétrés de son esprit, de ses intentions, de son dévouement, marcheront sur ses traces et continueront à faire le succès de l'École Bossuet.

Pour nous, messieurs, qui sommes venus rendre hommage à la mémoire de cet excellent prêtre, de ce parfait éducateur, de ce bon citoyen, ne perdons pas de vue, j'ose vous le demander avec instance, le grand enseignement qui ressort de sa vie. Au-dessus des orages et des haines qui menacent de le déchirer, élevons bien haut le drapeau d'une France amie du progrès, mais fidèle à ses antiques traditions ; passionnée pour la liberté, mais absolument convaincue avec l'apôtre qu'il n'y a de vraie liberté qu'avec l'Esprit du Seigneur, c'est-à-dire dans le respect de la loi de Dieu, des droits de la famille et des délicatesses

3. Eccl. xxx-4.

sacrées de la conscience. *Ubi spiritus Domini, ibi libertas.* (1)

Laissez un évêque vous redire encore une fois en terminant, la parole de Néhémias à ses concitoyens : *Surgamus et ædificemus.* Oui, Messieurs, travaillons tous ensemble, d'un commun accord, pour relever les ruines de notre pays. Qu'aucune injure, aucune injustice ne nous fasse renoncer à ce travail nécessaire et sacré. Maudits, nous bénirons. *Maledicimur et benedicimus.* (2) Aussi bien, l'Église dont nous sommes les apôtres et les disciples est la fille du Dieu qui s'appelle la charité ». C'est par la puissance de l'amour et du dévouement qu'elle a vaincu et qu'elle vaincra les oppositions passionnées et haineuses. Un grand orateur de ce siècle l'a dit, et je suis heureux de faire applaudir de nouveau en la répétant au milieu de vous, la fière parole qu'il laissait tomber de la tribune de la Chambre des Pairs le 13 janvier 1845 :

« Contre tous ceux qui la calomnient, qui l'enchaînent ou qui la trahissent, l'Église catholique a depuis dix-huit siècles une victoire et une vengeance assurées : sa vengeance est de prier pour eux et sa victoire est de leur survivre. (3)

1. II° Corinth. iii-17.
2. I° Corinth. iv-12.
3. M. de Montalembert, *Discours politiques*, tome II, p. 32.

Paris. — J. MERSCH, 91, rue Denfert-Rochereau.